AF357114

CONSIDÉRATIONS

SUR UN PROJET DE MISE EN FERME

DE

L'OCTROI MUNICIPAL

DE LA VILLE DE LYON,

ET SUR LA SUBSTITUTION QUI POURRAIT EN ÊTRE LA SUITE,

D'UN

ENTREPOT GÉNÉRAL ET PUBLIC

DES LIQUIDES

AUX ENTREPOTS PARTICULIERS A DOMICILE,

Adressées

à Messieurs du Conseil municipal.

✦✦✦

LYON.

IMPRIMERIE DE LOUIS PERRIN,

GRANDE RUE MERCIÈRE, N.º 49.

1828.

CONSIDÉRATIONS

SUR UN PROJET DE MISE EN FERME

DE

L'OCTROI MUNICIPAL

DE LA VILLE DE LYON.

Les marchands, commissionnaires et entrepositaires de liquides, un grand nombre de
propriétaires, et un nombre bien plus grand
d'ouvriers et d'hommes de peine, n'ont pu en-
tendre parler d'une ferme de l'Octroi et d'un entrepôt général exclusif sans se livrer à de justes
alarmes. Ils viennent les déposer dans le sein
d'une Administration paternelle, dont l'institution a pour but de surveiller et de protéger tous
les intérêts des habitants qu'elle représente.

Le premier objet de leur inquiétude est la
ferme proposée de l'Octroi municipal. Ils ont la
conviction que cette mesure ne serait point en

harmonie avec le but de l'institution, et qu'elle aurait les suites les plus fâcheuses pour la ville.

L'Octroi municipal ne doit point être confondu avec les contributions publiques ordinaires, c'est un impôt de famille dans ses rapports avec chaque citoyen, c'est un impôt de charité dans ses rapports avec les hospices et les pauvres : son nom même d'Octroi municipal et de bienfaisance, en rappelant sans cesse son origine, son objet, doit faire sentir la convenance de le percevoir avec sagesse et modération. Les autres impôts sont une *dette*, celui-ci est une *libéralité* toute volontaire, puisque ce sont les citoyens eux-mêmes qui donnent et qui se taxent par le corps honorable qui les représente. On lève, on exige les autres comme une obligation rigoureuse ; on doit recevoir celui-ci avec les égards qui sont dus à des bienfaiteurs. Ici l'intérêt du citoyen serait préférable à celui de la cité, si l'on avait à choisir.

Ce caractère particulier de l'Octroi municipal et de bienfaisance conduit à reconnaître que les formes de la perception doivent être coordonnées sur une multitude de convenances étrangères aux autres impôts. Sans doute, il faut que chacun paie quand il doit, et qu'aucune faiblesse

administrative ne vienne briser l'égalité de la
perception ; mais pourtant cette nécessité a moins
pour but de remplir le plus qu'il est possible le
trésor commun , que de maintenir l'égalité de la
perception qui constitue essentiellement la justice de l'impôt.

C'est donc avec douceur et bienveillance que
cette perception doit être faite. La vigilance des
agents ne doit point être la rudesse et la vexa-
tion ; la répression des fraudes ne doit point y
prendre les couleurs de la vengeance ; les transactions , toujours faciles et bienveillantes dans
un tel esprit, ne doivent jamais être l'abus du
droit.

Cet esprit se trouve naturellement dans les
régies simples , véritables administrations de famille , où la plus exacte justice n'est jamais dé-
pourvue de bienveillance, et ne dégénère jamais
en persécution. C'est là que l'erreur ne se ré-
prime point comme un crime, et que les fautes
équitablement appréciées d'après l'intention du
redevable , ne sont punies qu'avec indulgence.
C'est par ces formes qu'on fait de la taxe une
sorte de propriété commune qui ne blesse personne, qui est payée de bonne grace , et qui
invite moins à la fraude.

La ville de Lyon en a fait la longue et heureuse expérience ; jamais il n'y eut d'impôt plus aisément recouvré depuis la fin des fermes dont elle a fait le malheureux essai ; jamais il n'y eut moins de réclamations et même d'abus que depuis l'introduction de la régie municipale, et, il faut le dire aussi, il y a peu d'octrois en France mieux organisés.

Si l'on substituait à ce régime paternel et respecté une mise en ferme, il serait impossible que les adjudicataires usassent de la même bienveillance. Ils ne se présenteraient, comme on doit naturellement s'y attendre, que pour y trouver le fondement ou l'augmentation de leur fortune, objet immédiat de leur entreprise ; ils ne devraient aux citoyens qu'une justice rigoureuse qui pourrait impunément devenir impitoyable, car ils seraient irréprochables, même en usant de leurs droits avec excès, sans d'ailleurs en franchir les limites.

Et que gagnerait-on à dépopulariser la taxe, à désaffectionner le citoyen, à convertir en un impôt rigoureux ce qui, dans son principe, n'est autre chose que la répartition volontaire d'une libéralité, d'un Octroi de bienfaisance ? peu ou rien.

Supposons en effet, qu'un peu plus de rigueur dans la perception procurât quelque peu d'augmentation dans les recettes, cette augmentation tournerait tout entière au profit du fermier. Il est bien aisé de comprendre que le fermier n'assiéra ses calculs que sur les recettes obtenues jusqu'à présent ; que s'il se flatte de les étendre, ce sera à son profit. Or, quel que soit ce profit, il n'en sera pas moins un impôt levé sur les habitants, en faveur d'un spéculateur plus ou moins ambitieux, et pour une destination qui n'est pas celle de l'Octroi.

Fût-il même possible que la ville obtînt une participation quelconque à l'augmentation que les recettes recevraient de l'industrie et des rigueurs du fermier, cet avantage, qui serait toujours de peu de conséquence dans ses rapports avec le revenu municipal, serait trop chèrement acheté.

On cherche à faire illusion à l'Administration, en lui montrant l'espérance de recevoir beaucoup plus qu'elle n'a obtenu dans un terme commun de huit ou dix années. La première moitié de cette période doit être écartée de tous les calculs, parce que la ville alors n'était point ce qu'elle est aujourd'hui, et encore moins ce qu'elle promet d'être dans un prochain avenir. Il a peu d'années que son industrie, appliquée à une multitude d'objets dédaignés ou inconnus auparavant, a vu non seulement doubler le nombre de ses métiers, mais surgir comme par enchantement une multitude prodigieuse d'arts en tout genre. Ses constructions qui vont toujours croissant, appellent dans la cité un nombre extraordinaire d'ouvriers qui déjà contribuent puissamment aux recettes de l'Octroi, et elles attendent de nouveaux habitants. La presqu'île de Perrache, destinée à recevoir une multitude d'établissements que Lyon ne possède point, promet seule une population nouvelle. Le chemin de fer aura le même résultat ; et comme l'industrie appelle toujours l'industrie, et que l'heureuse situation de Lyon convient à toutes, on peut affirmer, sans crainte d'être démenti par les événements, que la population ne cessera de s'accroître, comme elle le fait depuis quelques années ; que la prospérité et les consommations de la ville augmenteront de plus en plus ; que dans peu d'années, l'Octroi de Lyon donnera un tiers ou un quart de produit de plus qu'en ce moment. Déjà ses produits annuels ont augmenté de 7 ou 800,000 fr. depuis quelques années, l'avenir promet encore davantage, et qu'on pourra même diminuer alors le tarif pour le soulagement de tous.

Voilà le présent généreux qu'on ferait à un fermier. C'est cette augmentation toujours crois-sante dont il profiterait seul ou en très grande partie. A en juger déjà par le passé on ne peut douter de cet accroissement annuel et progressif de recette, puisque de 1,806,000 fr. qui com-posaient le produit en 1818, les recettes se sont élevées en 1827 à 2,600,000 fr. ; l'avenir pro-met des différences plus promptes et plus fortes encore.

Que manque-t-il d'ailleurs à la perception ? on ne lui reproche ni infidélité, ni négligence, ni impéritie ; c'est une organisation non moins digne d'éloge que son service même. Elle est puissamment aidée par le zèle très connu des em-ployés des Contributions indirectes qui sont à chaque instant en contact avec elle : que peut-on désirer de plus ?

Il se commet peu de fraudes sur les bestiaux, sur les fourrages, les matériaux et les combus-tibles, qui sont des sujets de perception étran-gers à la régie des Contributions indirectes. Il n'y a de fraudes que sur les boissons ; elles sont inévitables sous tous les régimes ; mais les employés des Contributions indirectes exercent sur ces choses, dans l'intérêt de l'état, une surveillance si active et si infatigable , qu'il serait impossible aux fermiers de les surpasser ; en travaillant pour leur administration, ils travaillent pour l'Octroi. Il n'y a sur ce point, qui compose les deux tiers des produits, aucune amélioration possible ; on a atteint le maximum de la vigilance , la perfection du genre.

On ne conçoit qu'une seule branche de produit qui pût être améliorée par une mise en ferme, c'est celle des transactions et des amendes. Des fermiers pourraient se montrer plus inexorables dans les poursuites ou dans le prix des transactions ; c'est ce qu'on a vu dans deux précédentes Régies. C'est un spectacle qu'on a incessamment sous les yeux depuis que la même faute a été commise à La Guillotière , et qu'on retrouve sans doute dans les villes où l'on a récemment suivi cet exemple. Mais la seule pensée d'une telle source de revenu est faite pour irriter les esprits, qu'il ne faut jamais livrer à de dangereuses agitations, et pour révolter une administration paternelle qui reculera toujours devant de si déplorables ressources, dans une ville d'ailleurs qui n'en a nul besoin. C'est donc précisément l'expectative de ces procédés impitoyables, fruit amer, mais inévitable, d'une mise en ferme, qui à défaut de tout autre motif, devrait faire rejeter le projet de ferme, bien loin de l'encourager.

La ville de Lyon n'a donc aucun avantage réel à espérer, et elle a tout à redouter du projet qui lui est présenté.

Ne craignons point d'ajouter maintenant que d'autres calamités pourraient être la suite d'une telle faute.

D'abord on peut consulter l'intérêt même de l'état. Les employés des Octrois concourent avec ceux des Douanes à la surveillance des marchandises tissus prohibées qui s'introduisent en fraude dans la ville. Un fermier s'occuperait peu, sans doute, d'exciter ce genre de surveillance; mais s'il prenait lui-même intérêt dans les spéculations des fraudeurs, quels abus n'en résulterait-il pas? D'un autre côté, ne faut-il pas craindre que l'esprit de fiscalité, dont les meilleurs gouvernements ne sauraient se défendre, excité par le génie entreprenant des grandes compagnies financières et des grandes associations qui, de nos jours, se multiplient sous toutes les formes, n'aboutît à renouveler les fermes générales, qui étaient un des fléaux de l'ancien régime, et dont le souvenir n'a pas peu contribué aux réactions et aux désordres révolutionnaires? Personne n'a oublié avec quels unanimes transports de fureur les barrières d'octroi et de douanes furent incendiées ou renversées au premier signal de délivrance qui vint briller aux yeux du peuple.

Le moyen le plus sûr d'aplanir les voies aux amateurs des fermes générales, c'est de mettre les Octrois en fermes particulières; d'ouvrir ainsi à l'intervention des spéculateurs des bases faciles de calcul, et de leur livrer une population plus ou moins façonnée au joug des persécutions. Le Corps municipal nous entendra de reste sans que nous ayons besoin de développer davantage cette pensée : il faut placer un cordon sanitaire, élever un mur d'airain entre la cité et la possibilité d'un événement si funeste. Il faut par conséquent rejeter toute idée de ferme.

Un second événement non moins fatal pourrait suivre celui de la mise en ferme ; ce serait la substitution d'un entrepôt général exclusif et forcé, aux entrepôts particuliers qui se sont multipliés sous la protection des lois qui les autorisent.

Des fermiers ne manqueraient pas de prétextes pour solliciter tôt ou tard cette innovation à leur profit. Ils parleraient d'une plus facile surveillance, de fraudes et d'abus à réprimer, d'économies à faire, d'ordre à introduire dans la perception; et l'intérêt du commerce, ainsi que celui des citoyens, pourrait être sacrifié à de trompeuses espérances. N'en a-t-on pas déjà fait l'épreuve sous les deux dernières régies que s'étaient données la ville de Lyon? Ce régime odieux n'a-t-il pas fait fuir cette branche importante de commerce et d'industrie vers Châlons, qui s'est ainsi enrichi à nos dépens?

Alors toutefois cette mesure pouvait paraître moins choquante qu'aujourd'hui: l'administration de l'Octroi n'était point secondée par celle des Contributions indirectes, et se trouvait livrée à ses propres forces; l'Octroi alors était aussi d'un faible produit, et les besoins d'une cité où tout était à refaire, infiniment plus grands. De telles circonstances expliquent l'erreur ou tomba la municipalité sans la justifier ; mais aujourd'hui tout serait mensonge et déception dans les motifs allégués par les aspirants à la ferme.

La surveillance des entrepôts particuliers est exercée avec autant d'intelligence que d'ardeur

par les préposés des Contributions indirectes ;
les lois du 28 avril 1816 et du 16 décembre
1824, en autorisant et protégeant les entrepôts
particuliers, y ont établi un régime et des exercices qui rendent la fraude presque impossible.
Les vins sont séparés des alcohols, les alcohols
se suivent par degré, les marchandises livrées à la
consommation se reconnaissent aux manquants
constatés par les inventaires, et sont dès lors
soumises aux droits ; que pourrait-on faire de
plus dans un entrepôt général ?

Allons plus loin et disons que s'il est possible de
rencontrer des abus dans les entrepôts particuliers,
car rien n'est parfait dans les choses humaines,
du moins l'abus n'est pas partout ; mais dans un
entrepôt général supposez un chef ou un commis
principal corrompu, et toute cette partie de la perception se trouvera compromise, sans compter les
dommages que peuvent y recevoir les entreposeurs, comme on en a fait l'expérience sous la di-
rection de M. de Bienassis, qui était certainement
un homme de bien, mais qui ne pouvait tout voir
par lui-même, et comme on en trouve l'exemple
dans l'entrepôt même de Paris, par ce qui s'est
passé récemment entre MM. Jean Opermann-
Mandrot, Massot jeune, Vassal et compagnie,

et André Cotier, et dont on a la preuve dans la *Gazette des Tribunaux de commerce* du 5 de ce mois, n.° 133.

Un entrepôt général ne peut d'ailleurs devenir un principe d'économie pour l'Octroi, parce que c'est la régie des Contributions indirectes qui, dans son intérêt particulier, fait tous les frais de surveillance, d'exercices de comptes et d'écritures dans les entrepôts particuliers, et que l'Octroi en profite. Mais si, en définitive, la caisse municipale n'a aucun intérêt à l'innovation, combien d'intérêts publics et privés s'y opposent !

Si l'on considère celui du commerce lyonnais, on ne peut se dissimuler qu'il recevrait de l'établissement d'un entrepôt public et exclusif, une plaie cruelle. Le commerce veut sa liberté, et sa liberté serait blessée par l'obligation de déposer ses marchandises malgré lui, dans des mains étrangères, hors de sa puissance et même de sa surveillance ; sa liberté serait blessée encore par la nécessité de livrer le secret de ses affaires et de ses spéculations à des regards étrangers ; ses intérêts seraient blessés par les frais d'un double loyer, par ceux d'une plus grande perte de temps, et d'un commis qu'exigeraient ses communications continuelles avec l'entrepôt général.

Les producteurs étrangers ne répugneraient pas moins à confier leurs marchandises à un entreposeur inconnu, et à rompre leurs liaisons avec les négociants et commissionnaires qui sont en possession de leur confiance.

Mais ce qui est bien plus grave encore, c'est que la mesure d'un entrepôt général, si elle était adoptée, serait le signal d'une grande désertion parmi les négociants qu'elle atteindrait, tous se retireraient ou dans les faubourgs, ou dans des ports plus hospitaliers, tels que Mâcon ou Saint-Laurent, Tournus, Châlons, La Mulatière, Pierre-Bénite, Vienne et autre contrées plus favorisées que ne le serait Lyon. On en a fait la triste épreuve à l'époque de l'ancien entrepôt; elle s'est perpétuée par la conservation des entrépôts des faubourgs; Châlons même a conservé une partie de nos dépouilles.

Une telle mesure, dût-elle d'ailleurs ne frapper que les négociants, commissionnaires ou entrepositaires de liquides, serait déjà intolérable : elle blesserait la justice et l'humanité; elle offenserait la foi publique sous laquelle se sont formés plus de cent établissements de cette nature.

Mais comme tout se lie dans le monde social, ainsi que dans l'ordre physique, la même mesure aurait pour la plus grande partie de la cité les plus tristes effets.

Un grand nombre de propriétaires verraient leurs maisons inoccupées.

Un grand nombre de tonneliers, de voituriers, d'hommes de peine, d'ouvriers en tout genre, y perdraient l'occasion d'exercer leur industrie, ou suivraient cette branche de commerce dans sa retraite.

La banque serait privée d'une partie de ses opérations.

Toutes les branches particulières de commerce y perdraient l'occasion de traiter avec les entreposeurs, les acheteurs, les voyageurs que le commerce des liquides amène à Lyon.

Le produit des patentes en serait atténué.

La contribution personnelle reposerait sur moins d'individus.

Les consommations de vin et de viande diminuées en proportion, puniraient l'Octroi lui-même, dans ses produits, des calamités dont il aurait fait frapper la ville.

Voilà en partie les inconvénients d'un entrepôt exclusif. Il en est une foule d'autres qui frappent moins les esprits inattentifs dans cette mutuelle dépendance où sont les choses les unes à l'égard des autres, mais qui ne sont pas moins réels. En définitif, ce serait la ruine entière d'un certain nombre de familles , et une source de dommages plus ou moins sensibles pour une multitude d'autres citoyens et de propriétaires, pour une partie du commerce lyonnais.

L'exemple de Paris qui a un entrepôt général, ne peut être opposé à cet affligeant tableau.

Cette grande cité, dont l'existence morale et commerciale ne ressemble à nulle autre , et dont l'administration est différente de celle de toutes les villes du royaume, ne doit jamais être proposée pour exemple qu'avec une grande réserve. Les droits qu'on y perçoit pour la ville et le gouvernement , se paient à l'entrée, ce qui dispense de tout exercice fiscal chez les marchands et débitants. L'entrepôt général n'est là qu'une exception à la règle du paiement à l'entrée ; la règle nous étant étrangère, l'exception ne peut nous convenir ; et sous ce rapport, l'exemple de Paris, qui a ses compensations particulières combinées sur les besoins locaux, s'élève bien plutôt contre l'imitation proposée , qu'il ne la favorise.

Le commerce des liquides à Paris n'est qu'un commerce de consommation qui a ses règles à part ; celui de Lyon est un commerce de transit, de consignation, d'entrepôt, qui doit avoir d'autres règles. Presque tous les citoyens, à Lyon, s'approvisionnent directement dans les vignobles qui environnent la ville, et dont les produits y sont généralement préférés aux vins du dehors, qui seuls alimentent les entrepôts : soumettre ce commerce au régime de Paris, ce serait le bannir de nos murs. Cette considération mérite la plus sérieuse attention et doit être du plus grand poids.

Personne n'ignore d'ailleurs qu'à Paris l'entrepôt général, malgré les avantages d'un crédit à terme qu'il offre aux approvisionneurs et aux consommateurs, a fait refluer hors de son enceinte un nombre infini d'entrepôts particuliers, où le commerce, déjà excité par une évidente économie, jouit de plus de liberté, où rien ne gène la confiance des producteurs. Les entrepôts de Bercy, de La Villette, sont bien plus considérables que l'entrepôt général de Paris, et ils ne sont pas les seuls. A plus forte raison cette émigration s'opérerait-elle parmi nous ; déjà même les inévitables entraves qui existent à l'intérieur, soit par les exercices des employés, soit par les démarches sans fin qu'exige la constatation des entrées et des sorties, ont-elles fait retenir hors de nos murs une partie considérable de ce commerce depuis qu'il en a été chassé par l'ancien système d'entrepôt général. Il ne faut pas achever de le ruiner quand il est à peine rétabli du coup fatal que lui avaient porté les premiers essais d'un entrepôt exclusif, maintenant désavoué par nos lois.

Ne craignons pas de redire que d'autres branches de fabrication, de consommation et de commerce auraient à souffrir de l'expulsion des étrangers qu'attirent parmi nous le passage et le séjour des liquides; que beaucoup de propriétaires et des quartiers même tout entiers y perdraient leurs loyers; que beaucoup de constructeurs seraient trahis dans les espérances sur la foi desquelles ils ont élevé de beaux édifices; que l'entrepôt, en un mot, serait une calamité publique.

On ose espérer que l'Administration municipale appréciera ces grandes considérations avec la sollicitude qu'elles méritent. Ce sont autant de questions vitales pour notre cité. Tous les genres d'intérêts publics et privés se réunissent pour faire rejeter et le projet désastreux de mettre l'Octroi en ferme, et la pensée non moins alarmante d'un entrepôt exclusif qui ruinerait une branche considérable de commerce, sans aucun avantage pour le revenu communal.

En notre nom et en celui de nos coïntéressés :

Louis Chenaud père et fils.
Bernard et Beaucourt.
J. Morel.
J.n B.te Colliard.
J.ques Dauder.
Gillet f.res et Bauny.
P.re Roche et J.es Bodin.
N. Louchon fils et Boissonnet.
Clerc.
A. R. Demoustier.
J.h Dubost.
Palisse.
Charrin cadet.
Champin.
Ant.e Saunier.
Étienne Cusin père.
P.re Jacquet et C.ie
Mayet et C.ie
Ekel.
Foulc Floutier et C.ie
Vermare et Mure.
Léon Canot et C.ie
F. X. et J.h Gros frères.
Martin et C.ie
Gaillard f.res et C.ie
Malachard et Moncel.
Latta f.res et Billaud.
Noilly et C.ie
Lavernier.
Saunier Casot.
V.ve Loras et fils frères.

Duquaire Granier et C.ie
Dusausoy.
Mercier fils et C.ie
Charinel.
Buffeton.
Perronneau et Rollin.
Vanel.
H. Izouard et fils.
F.çois Minard.
Cointicourt Fournel et C.ie
Meunier et Cheron.
Ravier et C.ie
Benoit, Ferrouillat et Martinais.
Étienne Pine.
Pierron.
P.re Condamin.
Chappet.
Burdet et Ricard.
B. Chapot.
Beau, Larat et C.ie
Descours et Recamier.
Noilly fils et Tallichet.
F. H. Challiot et C.ie
L.is Thiers et C.ie
Bonnardel F. et Four.
Lebœuf frères.
J. M. Chirat.
Corot et Jenoudet.
J.h Bergier P. F. et Bugand.
C. M. Blanc et C.ie

Riveron.

Barrillon aîné.

Cordier et Cie

F. Curis.

Oddoux et Racine.

S.^{el} Debar.

Benoît.

J.^h Décour.

G. A. Drut et Z. Verany.

Dupré frères et Lambert.

Carra cadet et Cie

Crozet Bonafous et Cie

Pallandre.

Robert jeune.

Clerc Hobitz.

M. Abel.

Colonge.

Laforest.

Bourguignon.

Picard et Lièvre.

Thouverey.

Bauzet.

Marduel.

Bonnet.

Martin, prop.^{re}

P.^{re} Martin, prop.^{re}

Domenech frères.

B. Soupat.

H. Poix Coste frère aîné.

Delant.

M. Paul.

Arnaud.

J. F. Décailly.

Decholle.

Beaumont.

J.ⁿ L.^s Beaucourt.